AF257467

Qu'est l'Etat ? TOUT

Que doit-il être ? RIEN

PAR

UN MAIRE AUTONOMISTE

PARIS

GRANDE IMPRIMERIE

J. CUSSET

19, RUE DU CROISSANT, 19

1887

Qu'est l'État ? TOUT

Que doit-il être ? RIEN

Prosper Mérimée conte quelque part, non sans charme, la déconvenue d'un brave gentilhomme huguenot trouvant à son réveil le lit vide de sa maîtresse, sa bourse disparue, et à la place de son brillant cheval de guerre, une bête vénérable ayant perdu depuis longtemps outre choses plus essentielles, queue, crins et oreilles.

Le bon Électeur Français d'à présent, en fait de déceptions, n'est pas mieux partagé que l'infortuné capitaine de sa majesté Charles IX.

Quand il y a seize ans, las des grandeurs, il se mit en ménage avec la République, elle représentait dans son idée une gouvernante aussi économe que modeste, une ménagère aussi pacifique que soigneuse.

Jamais réveil ne fut plus glacial, plus hôtel meublé, plus décembre, plus plein de poussière et de moisissure.

Argent perdu, lendemain incertain, et à la place de la Maintenon rêvée, une hautaine personne, dépensière comme une Valois, horriblement maquillée, compliquée comme une danseuse de la Régence, insaissisable à rendre des points à un théologien espagnol, et si le compagnon ose dire : « Qui t'a fait ma maîtresse ? » répondant sans hésiter : « Obéissez, car tel est mon bon plaisir. »

Quand un homme, au lieu de rompre sans embarras et sans retour, en vient à reprocher à une femme de découcher deux fois par semaine, il s'attire invariablement la même désagréable réponse : « Clara que vous aimiez tant est restée huit jours sans reparaître, et la grosse Mathilde prenait à tout propos quinze jours de congé — que venez-vous me reprocher des peccadilles ? »

Nos gouvernants d'aujourd'hui ont continuellement recours à cet admirable argument : « Eh ! quoi, le percepteur fait vendre vos meubles, autrefois on vous aurait pendu. »

Après avoir été détenu quinze mois aux prisons de l'État, mis au secret, traquenardé par tous les procédés anciens et nouveaux, vous être vu menacé, si vous n'avouez un crime que vous n'avez pas commis, d'attirer sur votre femme et vos enfants les plus mauvais traitements, avoir été entouré de pièges inavouables jusqu'à trouver sous la robe du prétendu confesseur un juge d'instruction déguisé, après avoir entendu vomir contre vous les injures les plus abominables par un monsieur qui a besoin de votre sang pour rougir sa boutonnière, vous êtes enfin acquitté et jeté, probablement ruiné, dans la rue sans autre compensation que les menaces du président exaspéré de son échec.

« Autrefois, on vous aurait mis à la torture, vous
« auriez subi la question ordinaire et extraordi-
« naire et vous en auriez crevé. »

On vous prend cinq ans de votre vie, et l'on vous envoie vous faire empaler au Tonkin ou manger à la Nouvelle, pour permettre à quelques mercantis de s'engraisser en vendant de l'opium, des femmes et des rhums avariés aux simples populations des vieux et nouveaux mondes.

« Encore une fois, de quoi vous plaignez-vous? Vos ancêtres y auraient été menés à coups de bâton et les soldats mendiaient pour vivre. »

Le progrès est incontestablement une belle chose, mais s'il continue à aller avec cette lenteur, il n'est que temps de conseiller à ceux qui se préoccupent de naître d'attendre encore, si faire se peut, cinq ou six siècles.

M. Bert, qui, de son vivant, n'a pu faire le bonheur ni des chiens, ni des Français, ni des Tonkinois, et qui, mort, est un sujet de dispute entre papistes et libres-penseurs, croyait, aussi fermement que M. Pasteur croit à ses remèdes, à l'influence des petites images sur les progrès de la civilisation.

Grâce à lui, les marmots peuvent chaque soir, avant de s'endormir, contempler, si le cœur leur en dit, l'ancien et le nouveau régime.

D'un côté, dans des landes pleines de frimas, des seigneurs, en costumes presque somptueux, prennent leur passe-temps à découper, au moyen de larges couteaux, des villageois, que cette opération laisse, du reste, tout à fait indifférents. En face, par un printemps probablement éternel, sous de riantes tonnelles, des artisans, en complets de la Belle-Jardinière, vident de larges rasades dont personne ne réclame le prix.

Les gravures, si sincères qu'elles soient, ne suffisent pas ; pour être parfait, le manuel aurait dû expliquer pourquoi les vignerons d'aujourd'hui, complètement ruinés par le phylloxéra, doivent vendre jusqu'à leurs terres afin d'entretenir le gouvernement, et pourquoi l'Etat force les laboureurs à renoncer aux croisées, dont ils ne sauraient supporter l'impôt, les vouant ainsi, après les avoir privés de pain, au scorbut et à la phthisie.

Les peuples, dit un proverbe peut-être arabe, peut-être persan, peut-être usé, n'ont que les gouvernements qu'ils méritent.

Il faut convenir dans ce cas, que la France n'en mérite que de mauvais, quoiqu'elle s'obstine, sans le trouver, à en chercher un de passable.

Nos seigneurs les gouvernants d'aujourd'hui ne sont pas de cet avis ; ceux qui les ont précédés n'ont fait que des bêtises. Quant à eux, si le budget n'est pas en équilibre, si la frontière du Rhin n'est pas encore retrouvée, si la justice a perdu la perpendiculaire sans espoir de la reprendre, la faute en est aux partis qui, ajoute M. Prudhomme, n'ont pas désarmé.

Malheureusement, pour montrer la force du pouvoir

actuel, beaucoup soutiennent qu'il n'y a plus de parti ; on ne sait trop à quoi s'en tenir.

La mode étant aux manuels civiques, l'apprentissage politique faisant désormais partie de la collection Roret, pourquoi ne chargerait-on pas l'Institut de la publication d'un catéchisme politico-civil, où tout serait catalogué par demande et réponses. Semblable travail a été entrepris vers 94 ; il est complètement oublié. Volney dut à ce brillant plaidoyer en faveur de la République d'être fait baron et de mourir sénateur de l'Empire. C'est tout ce qui nous en reste.

Naturellement cette publication serait renouvelée chaque année, les travaux de cet ordre étant comme le poisson et les ministres qui n'aiment pas à attendre.

Voici quelques indications : peut-être pourraient-elles être utilisées par les sous-commissions chargées du sous-travail sous-préparatoire.

DEMANDE. — Pourquoi avez vous été créé et mis au monde ?

RÉPONSE. — Pour travailler plus qu'une bête de somme et par mon travail nourrir le gouvernement.

D. — Que vous donne l'Etat en échange ?

R. — Rien du tout.

D. — Après avoir été soldat, après avoir régulièrement payé l'impôt toute votre vie, si vous tombez dans l'indigence, l'Etat aura-t-il soin de vous ?

R. — Si je mendie, comme vagabond, on me jettera dans une île déserte ou les requins me mangeront tout à leur aise avec la recommandation de les y aider si je m'amuse à vouloir encore vivre.

Si je réclame du travail, on me signalera à la police comme un homme socialiste et démagogue, et si je parviens à me réfugier à l'hôpital, on vendra mon corps pour se payer de la dépense.

D. — Si l'ennemi envahit le pays que vous habitez et déclare vouloir s'y maintenir, qu'arrivera-t-il ?

R. — Pour avoir la paix, on le lui abandonnera et moi avec.

D. — N'est-ce pas que c'est une bien belle chose que l'Etat ?

L'enfant ne répondant rien, attrape le mot *oui* à copier autant de fois que la France a usé de ministères depuis dix ans, ce qui ruine absolument sa famille tant il faut de papier.

Ceux qui parlent des affaires publiques sont dans une situation difficile, à dire du bien des hommes et des choses présentes, on est vite, et souvent à juste raison, soupçonné d'émarger au fonds des reptiles ; à en dire du mal, on gagne le nom de hargneux personnage, et si vous tenez de près ou de loin à la machine gouvernementale, vous êtes estampillé, caractère impossible, homme intraitable, indiscipliné peut-être dangereux.

Le pire est de se taire : le rôle de muet du Sérail et sans gloire ; beaucoup pensent que vous attendez le moment favorable à vos intérêts pour rompre le silence, à moins que vous ne soyez tout à fait idiot, ou bien encore que, dans un temps où tout, jusqu'aux pavé de bois, est ramolli, vous n'ayez été atteint par la terrible maladie.

Le grand malheur de la plupart des gouvernements est de vouloir faire le bonheur des peuples malgré eux ; il est vrai que, si les contribuables protestent et veulent être heureux tous seuls, on a recours à la force pour leur faire accepter cette félicité dont ils n'ont que faire.

Saint Louis recommandait à ses dévots chevaliers d'écouter attentivement et modestement les objections des hérétiques, de se garder de leur répondre, d'attendre la fin de l'exposé de leurs doctrines, et, quand ils auraient terminé, de tirer sans hésiter leurs épées et de leur couper la tête.

Ce mode d'argumentation est toujours en honneur, et si les ministres du jour n'ont pas les épées des croisés, il leur reste des geôles discrètes.

Blanqui, avant de mourir, a dû en savoir quelque chose.

L'avenir de la France, si les ministres de la Sérénissime République continuent leur éternel chassé croisé, va devenir de plus en plus problématique.

Peut-être serait-il plus sage de décider que chaque député sera ministre à son tour.

Le résultat serait le même et la situation gagnerait en gaieté.

Le problème demeure toujours le même, peu importe les ministres et peut-être le gouvernement.

Il s'agit d'extirper les abus, comme au cirque de monter le mulet Rotomago, qui n'a pas encore trouvé son maître ; chacun veut essayer à son tour, mais si Rotomago est depuis longtemps retourné à son moulin, les abus, comme les cors, s'obstinent à ne pas se laisser extirper.

Beaucoup, improvisés ministres des Cultes, de l'Agriculture et des Beaux-Arts, après avoir passé leur vie dans les catacombes d'une étude d'avoué ou les exhalaisons salées de plusieurs générations de morue, sont tellement étrangers aux premières notions de la mécanique appliquée à la force Etat, qu'ils n'osent toucher à aucun rouage, craignant de tout casser.

C'est le supplice du malheureux employé secouant sa montre pour la mettre en mouvement, mais se gardant bien de regarder à l'intérieur.

Quelques-uns connaissent merveilleusement la source des abus, mais y trouvent trop leur profit pour songer à la tarir.

Les Francais sont beaucoup plus désireux de voir disparaître les charges inutiles et les entraves de toute sorte qui pèsent sur eux que sensibles à telle ou telle forme de gouvernement.

Ils ont raison ; il vaut beaucoup mieux, après tout, quand on ne l'a pas mérité, ne pas avoir la tête tranchée du tout que de mourir avec la consolation d'avoir eu le cou coupé injustement par un gouvernement légitime.

La clientèle dont bénéficie le gouvernement présent, il ne la tient que du juste mécontentement des régimes passés, mais pourquoi lui demeurerait-elle fidèle s'il répète les errements de ses devanciers.

Tous ceux qui se plaignent, disent volontiers

les feuilles soumises, sont les ennemis de la République, et pourquoi ?

Etait-on ennemi de la liberté et des réformee sous la Convention, quand on l'engageait à serrer son grand couteau dont elle poursuivait les passants inoffensifs et à quitter son tablier de boucher ?

Était-on l'ennemi de son pays, quand, sous l'Empire, en 1800, on plaignait les malheureux conscrits traînés enchaînés sur les routes glacées parce qu'ils montraient peu d'ardeur pour aller assassiner les laboureurs espagnols qui ne songeaient qu'à vivre en paix ?

Sont-ils ennemis de la République présente, ceux qui pensent qu'au lieu de faire dominer partout l'esprit d'arbitraire et de favoritisme, il vaudrait mieux rendre au pays la direction absolue de ses propres affaires ?

L'ancienne Monarchie se maintint tant qu'elle laissa les communes libres, les faisant ainsi responsables de leur bonne et mauvaise fortune.

Qand toutes les libertés eurent peu à peu disparu, libertés religieuses, judiciaires, fiscales, la Royauté attira sur elles les haines et la vengeance qui cherchent toujours une tête responsable et l'on peut dire qu'elle périt de ses propres mains.

La République, commettant les mêmes fautes, aura la même fin.

Vers le mois de février, beaucoup de Français, éprouvent le besoin, sans que l'on sache trop pourquoi, de paraître dans les rues transformés en ours, en princes, en chiffonniers et même en question Bulgare.

Les vérités n'arrivant que difficilement aux oreilles des grands, pourquoi quelque courageux Chinois de Montmartre ne songerait-il pas à profiter de cette coutume pour aller chanter sous les fenêtres de l'Elysée la ballade suivante :

Aussi bien, faut que je le dise,
Ça ne peut plus durer com' ça!
Il n'est que temps que ça finisse :
Faut nous séparer, Paméla !

Quand nous nous mîmes en ménage,
Elle me dit, montrant son cœur :
« C'est pour toi seul et je m'engage
« A te faire un rude bonheur. »

Elle m'a sucé jusqu'aux moelles ;
Elle voudrait manger mes os.
C'est pas un' fem' c'est un poële
Où comme beurr' tout vient en eau.

Où m'en aller, c'est triste à dire,
Entre-nous je ne sais pas trop.
Mais bien sûr il n'y a pas pire,
Et sans elle tout sera beau.

Aucuns voudraient licher les restes,
Mais c'est pas fait pour leur museau.
Vieux angoras, faites la sieste;
En la cage n'est plus l'oiseau.

Toutes les fenêtres et peut-être même les tabatières du palais s'ouvriront à la fin de la complainte.

S'il n'en tombe ni gros sous ni Paméla quelconque, il sortira en revanche de toutes les portes des sergents de ville qui mèneront l'infortuné chansonnier devant le commissaire du coin.

Quand on a vainement cherché une raison passable à opposer à de justes réclamations, on termine ordinairement par cette phrase assez difficile à comprendre : « D'ailleurs vous n'êtes pas sérieux. »

Le gouvernement qui a le monopole des allumettes qui ne prennent pas, des cigares qui ne peuvent être classés que parmi les combustibles anthracitiforme, a probablement en outre le monopole du sérieux.

Le dragon vert qui certainement aura une place d'honneur aux funérailles de M. Bert en est la meilleure preuve.

Le ministre de l'instruction publique a reçu la lettre suivante :

Monsieur le Ministre,

« En embrassant l'humble profession de maître d'école, je ne songeai qu'à servir honnêtement et librement mon pays. Je me vois forcé d'y renoncer. Pour avoir voté contre le député que vous protégiez et qui a été battu, j'ai été changé de commune trois fois en huit jours et toutes mes économies sont dissipées.

« Le Préfet m'a fait comprendre que, simple rouage administratif, je n'avais qu'à m'occuper de bien recevoir et bien transmettre l'impulsion sans chercher à comprendre.

« Ayant méconnu une si haute vérité, il a ajouté qu'il devait, chargé vis-à-vis des instituteurs de haute et basse justice, m'étrangler net.

« Quant à ouvrir une école libre, j'ai été averti que cette ressource ne saurait me rester, puisqu'elle serait très probablement fermée. »

L'Université, tantôt jésuite, tantôt janséniste, tantôt athée, mais toujours bonne à tout faire de n'importe quel gouvernement, n'ayant pu réussir qu'à produire le bachelier parfaitement idiot à raison de vingt mille francs pièce, jalouse toute concurrence capable de faire mieux et à meilleur compte.

Laisser les villes, les communes choisir librement leurs maîtres et faire enseigner leurs enfants à leur guise,

Cela se pratique partout en Europe, et les sciences et les lettres y sont honorablement représentées.

Une telle ligne de conduite serait la plus profitable et la plus honorable pour tous, mais l'Université, qui n'aime les jeunes gens et les jeunes filles que comme les mères de théâtre, pour l'argent qu'elles en tirent, n'entend pas de cette oreille.

Il n'y aura d'alphabet que l'alphabet du gouvernement — de bons examinateurs que les examinateurs du gouvernement — médecins, avocats, ingénieurs, monopole de l'Université, c'est-à-dire de l'Etat. —

Avant peu nous aurons le certificat d'études et les mêmes ronds de cuirs, qui, sous l'Empire, en interrogeant les bacheliers, avaient soin de leur vanter l'Empire, se chargeront de célébrer M. Ferry.

Les diplômes ont beaucoup augmenté depuis quelques années. — Le plus piquant, c'est que les malheureux cadotés de ces parchemins bleus, jaunes, verts, destinés, après avoir coûté chaud, à servir d'enveloppes discrète aux pommades hydrargirique quelconques, croient fermement tenir en poche un moyen d'existence assuré.

Filles et garçons n'ont pas plutôt exibé leur titre d'institutrice, de bachelier ou de sage-femme que toutes les portes se ferment d'elles-mêmes — la confiance dans tout commerce ne s'impose pas.

Avec le temps, au train dont vont les choses, l'Université deviendra une seconde rue de Jérusalem, et si les écoliers continuent comme par le passé à ignorer les choses essentielles pour avoir trop appris les inutiles, du moins le grec et les mathématiques permettront de cataloguer l'opinion de chacun.

Si le ministre de l'instruction publique continue, comme feu M. Bourbeau, à manquer de prestige, son collègue, le ministre des cultes, n'est guère plus heuheux.

A le voir entouré de papistes, de réformés, de francs-maçons, d'ulémas, de marabouts, de boudhistes, de partisans de la libre-pensée, promettant à chacun tout ce qu'il demande, on pense involontairement à Don Juan entre les deux jeunes femmes qui le pressent également de se décider pour chacune d'elles.

« Croyez-moi, Monseigneur, demandez pour votre cathédrale. » Se retournant vers le réformé : « Que ne demandez-vous pour votre temple? » Apercevant le rabbin et allant à lui : « Les fonds pour votre synagogue sont prêts. » Il entraîne un libre-penseur à l'écart : « Ils n'auront rien ni les uns ni les autres : tout pour votre orphelinat de femmes âgées. Il faut renouveler les femmes, principalement les vieilles. »

Il est très mal aisé de comprendre pourquoi les Concordats, ayant toujours fini par brouiller les parties contractantes, encore qu'elles n'en usent ni les unes ni les autres, ces sortes de traités, auxquels personne n'a jamais cru, trouvent tant de défenseurs.

Les juifs, qui ont prospéré admirablement dans tous les pays, n'ont jamais demandé autre chose à l'Etat que le libre exercice de leur culte.

Quand un prêtre, obéissant justement à son évêque, est privé de son traitement par le ministre, qui commet évidemment une injustice, il s'ensuit que le culte est suspendu dans la paroisse.

Cependant, les contribuables continuent à payer l'impôt, et rien ne prouve que, si les facteurs, l'agent voyer, sont trouvés en faute, le même principe étant adopté, tout un canton ne soit bientôt complètement désorganisé.

Les ordres religieux, qui attendent vainement une loi sur les associations pour pouvoir vivre en sécurité, ont toujours prospéré en dehors de l'Etat. Pourquoi n'en serait-il pas de même du clergé régulier?

Au fond, le gouvernement médite secrètement, au moyen de faveurs et de traitements bien placés, l'asservissement du clergé.

Il veut en faire un rouage électoral, comme il a fait de l'Université une machine à produire des « oui ». De son côté, le clergé ne perd pas de vue de combien augmenterait son influence s'il parvenait à faire du gouvernement, peu lui importe le titre, l'exécuteur de ses propres volontés.

Sous l'influence de ces deux idées aussi folles l'une que l'autre, les deux partis s'observent, attendant l'occasion de profiter des fautes ou des faiblesses de chaque adversaire.

M. de Rosny avait la prétention de tenir la balance exacte, entre les papistes et les luthériens : il recevait à l'Arsenal avec la même politesse de cour les pasteurs boueux de la Saintonge et les abbés riche commanditaires de passage à Paris.

Que gagna-t-il à ce jeu? La haine des deux partis. Les réformés l'accusèrent de trahir et les catholiques se souvenant qu'Henri IV avait fait Biron cardinal de la Bastille, conseillèrent au roi de faire son financier évêque de Montfaucon bénissant par les pieds.

En décembre passé, les gardiens du Jardin des Plantes, à Paris, ont ramassé le cadavre d'un homme mort de froid et de faim, et qui était venu essayer de se réchauffer au foyer entretenu nuit et jour pour garantir du froid les boas et les fauves.

Il serait curieux de connaître les dernières pensées de cet homme. Peut-être, cherchant un emploi, avait-il du abandonner à l'Etat son dernier sou pour payer l'extrait du casier judiciaire. Peut-être avait-il autrefois, par son génie, dirigé de grandes entreprises, sur lesquelles l'Etat avait fait de beaux bénéfices ; peut-être revenait-il du Tonkin, riche de fièvre, si non de pépites.

Son dernier argent s'en était allé à l'Etat qui l'employait à chauffer les singes et les tigres ; quant à lui, il n'était bon qu'à mourir de froid et de faim.

La question sociale, en présence de la Chambre, du Sénat et des ministres, ressemble à ces personnages des revues de fin d'année, paraissant et disparaissant sans cesse, voulant toujours expliquer le motif que les amène et trouvant toujours un embarras qui les empêche de se faire comprendre.

Peut-être, à force de tirer des coups de revolver qui ne blessent que les oreilles et l'odorat, ceux qui s'occupent de lui faire faire son chemin parviendront-ils à lui donner le pas sur sa petite sœur la politique qui, en bonne intrigante, tâche de se pousser la première.

Le théâtre, qui a été créé pour améliorer les mœurs, n'a réussi jusqu'à présent qu'à gâter les oreilles et l'esprit de beaucoup de jeunes gens et à déformer encore plus de tailles de jeunes filles.

Après avoir essayé les pièces à musique à canon, à chevaux, à poissons, à éléphants, enfin à femmes et avoir toujours fait faillite, peut-être les directeurs au-

raient-ils intérêt à recourir aux pièces politiques.
M. Goblet, qui ne les aime pas, témoin *Germinal*, ne
sera pas toujours ministre.

Le décor représente une grande ville simplement
figurée par plusieurs barrières d'octroi.

Un artisan, suivi d'une femme en haillon et de petits
enfants, s'avance péniblement.

Les gens de gabelle se précipitent sur les infortunés
et les fouillent hardiment.

Furieux de n'avoir trouvé ni dynamite, ni gibier,
ni allumettes combustibles, ils se retirent en mau-
gréant.

Changement de décors. Intérieur d'un poste de police.

Un homme correctement vêtu de noir, rasé de frais
et, sauf la bouche, sentant bon, interroge l'artisan.

— Quels sont vos moyens d'existence ?

— Aucun.

— Que veniez-vous faire dans cette grande ville?

— Chercher à vivre en travaillant.

— Quelle imprudence ! Nous avons vingt mille Ita-
liens, trente mille Belges, soixante mille Suisses ou
Auvergnats, cent mille Allemands et nous en attendons
d'autres tous les jours ; vous voyez bien qu'il n'y a
plus de place pour les Français. Je vais ordonner que
vous soyez reconduits de brigade en brigade jusqu'à
votre commune.

La porte de la salle s'ouvre bruyamment: un riche
Américain, traînant sans le secours de personne un

voleur qu'il vient de saisir, jette les yeux sur le pauvre artisan, se sent attendri et l'emmène.

Changement de décors. Nous sommes en Amérique.

Au bords d'une claire fontaine, entourée de gais marmots bien portants et bien vêtus, une femme lave paisiblement le linge de la famille ; à côté, sous un arbre séculaire, en face de vastes pâturages pleins de bestiaux, deux hommes causent amicalement.

L'Américain. — Quand je vous ai trouvé en France si malheureux, comment en étiez-vous venu à cet excès de misère.

Le Français. — Mon petit héritage, joint à celui de ma femme, aurait pu nous nourir, mais l'emprunt nous a dévorés. En travaillant beaucoup, nous pouvions faire rendre à notre terre 1.200 francs. L'Etat prélevait là-dessus plus de 300 fr. pour sa part, bien souvent il fallait emprunter pour faire la somme que le percepteur réclamait. Avec les mauvaises années, la dette est venue ; observez qu'en France le prêteur sur gage, alors que son capital ne risque absolument rien, ne paye aucun impôt, tandis que le malheureux propriétaire supporte tout le poids de l'hypothèque. Bref, les gens de justice achevèrent ma ruine, et des 30.000 francs que valait mon héritage, la plus grande partie fut dévorée par l'Etat, assisté de ses tribunaux.

L'Américain. — Qu'aurait fait pour vous votre pays si je ne vous avais pas rencontré ?

Le Français. — On aurait placé mes enfants dans

une maison de correction; comme vagabond, j'aurais été envoyé en prison et de là aux colonies; ma femme serait morte de misère et de chagrin.

Une heure d'entr'acte. Les ouvreuses étant occupées à passer le nouvel examen exigé, la salle se vide dans le plus grand ordre. Le public, sans qu'on sache trop pourquoi, profondément surexcité, attend avec impatience le dénoûment.

Un vieux monsieur, profitant de l'heure restée libre, essaye en vain de faire une conférence sur le Tonkin, avec placement de titres donnant droit à un portrait de Ferry en costume de mandarin; il périt, écrasé sous ses propres prospectus. A ce moment, la toile se lève; la scène est occupée par tout un peuple; on annonce que les ennemis viennent de passer la frontière. Discussion entre les riches et les pauvres; les riches refusent de prendre les armes, déclarant qu'ils veulent jouir avant tout.

Quelques pauvres diables soutiennent qu'il y aurait folie d'aller se faire tuer pour sauver les biens de ceux qui furent toujours leurs oppresseurs; mais la masse des déshérités, préférant la liberté, son seul bien, à la servitude, s'apprête à combattre. La toile tombe.

Quand un député ose demander l'emprunt sur le revenu, les feuilles reptiliennes le traitent d'échappé du bagne ou de Charenton.

Où est le plus équitable : forcer un ménage qui a douze cents francs pour vivre, à donner trois cents francs à l’Etat, ou prendre sur le superflu d’un rentier qui ne sait que faire de ses écus?

Il serait curieux de connaître quel est le chiffre de rente possédé par les étrangers n’ayant jamais mis le pied en France.

On trouve à Londres, à Naples, à Berlin, d’opulents particuliers dont la fortune est tout entière en Rentes françaises. Ils ne payent pas un centime d’impôt, et, mangeant leurs revenus à l’étranger, la France n’en profite pas.

Le malheureux tisserand de village est obligé de travailler la nuit pour apporter au percepteur les droits que le contrôleur réclame pour son métier.

— Non, je ne céderai pas; tu as déplacé la borne!

— Ce n’est pas vrai!

— Il t’en coûtera plus de six cents francs!

— Je t’y ferai manger tes deux vaches, jusqu’aux cornes et à la queue!

A première vue, rien de plus aisé que d’apaiser de si faibles querelles; les vieilles gens ne manquent pas dans la campagne; dans chaque commune, le maire, assisté de deux anciens, composerait un tribunal tout à fait suffisant.

Sans doute; mais que deviendrait alors le papier timbré et les petits bénéfices de l’Etat?

Un juge élu terminerait promptement, définitivement et gratuitement toutes ces affaires, où l’amour-propre tient toujours trop de place; mais un juge élu, ne devant jamais être renommé, au sortir de sa

charge, ne distinguerait pas, comme le juge du gouvernement, ceux qu'il faut ménager et ceux qu'il faut
tondre.

On objecte le peu de discernement du corps électoral. Les bureaux du ministère de la justice sont-ils
mieux en mesure de connaître les capacités des candi-
dats ? Les électeurs peuvent se laisser corrompre ; les
bureaux sont-ils insensibles aux pots-de-vin ?

Le juge, en face de ses électeurs, perdrait son indé-
pendance ? Pourquoi ? Puisqu'il devrait, son temps
expiré, quitter à tout jamais le prétoire ?

Du moins, il ne serait pas dans la cruelle alternative
de se voir destituer, priver d'avancement, rayer du
tableau des décorés, ou bien de tourner aux Laffemas
ou aux Laubardemon.

Tous les gouvernements qui se sont succédé depuis
le commencement de ce siècle ont épuré la magistrature léguée par le régime précédent.

Tous, en pratiquant des coupes sombres dans le per-
sonnel, ont tenu le même langage.

« L'inamovibilité de la magistrature est chose excel-
lente ; mais les tribunaux, par les fautes des régimes
précédents, sont devenus de véritables écuries d'Au-
gias ; il faut avant tout nettoyer l'étable. »

Le public finit avec raison par conclure qu'il en est
de la magistrature comme du pétrole ; on a beau faire,
on ne peut jamais l'épurer qu'à demi.

Le moyen âge, en fait de spectacles, n'a connu que
les mystères. Alors, ce n'étaient pas de simples per-

sonnages qui occupaient la scène, mais les forces même de la nature, naïvement figurées, qui dialoguaient entre elles.

Le Labourage donnait la réplique à l'Industrie ; la Théologie cherchait à convertir le Commerce, qui ne voulait pas y entendre. Ce genre fort élevé est probablement supérieur à celui que nous avons adopté.

La mode étant aux vieux meubles, aux antiques tapisseries, aux porcelaines défraîchies et surtout aux rossignols politiques ; pourquoi ne pas revenir pour un moment aux mystères.

Sur la scène, pour tout décor, l'absence de quoi que ce soit ; la nudité des murailles figurant la solitude. Au centre, l'Etat, représenté par un brouillard. Deux femmes, travesties l'une en brèche ouverte, l'autre en naufrage, sans doute la Guerre et la Marine le soutiennent. Le Labourage, le Pâturage, les différents métiers, toutes les petites conditions sous formes de manants puant la faim et le froid entourent le personnage déguisé en brouillard.

Le Brouillard. — De quoi vous plaignez-vous ?

Un Manant. — De tout.

Le Brouillard. — N'avez-vous pas toutes les libertés ?

Le Manant. — Aucune.

Le Brouillard. — Vous nommez vos maires ?

Le Manant. — Vous les révoquez suivant votre bon plaisir.

Le Brouillard. — Vous disposez des caisses communales ?

Le Manant. — Erreur. Vous réglez à votre fantaisie les dépenses, et toujours au détriment des communes.

Le Brouillard. — Ne pouvez-vous pas tout dire et tout écrire ?

Le Manant. — Vous avez partout des agents pour écouter, et comme vous vous êtes approprié injustement la nomination de tous les fonctionnaires, les rendant responsables de ce que leurs parents ou amis peuvent dire et écrire, vous supprimez du même coup les libertés dont vous parlez.

Le Brouillard. — Ne vous ai-je pas donner la libre culture de la terre ?

Le Manant. — Non. — Vos agents pénètrent de force dans nos héritages pour en arracher le tabac si nous l'avons planté sans votre permission.

On veut savoir si nous produisons de l'eau-de-vie, et vous avez des délateurs à gage pour vous dénoncer ceux qui veulent fabriquer de la poudre, des allumettes, ou simplement des cigarettes.

Le Brouillard. — N'avez-vous pas le Conseil de Préfecture et le Conseil d'Etat pour vous rendre justice ?

Le Manant. — Conseillers d'Etat et Conseillers de Préfecture nommés par vous, appointés par vous, décorés par vous, créés par vous contre nous, ne nous inspirent aucune confiance.

Le Brouillard. — N'ai-je pas fait des Chemins de fer, des routes, des canaux ?

Le Manant. — Oui, mais la circulation des hommes

et des choses est plus chère qu'autrefois, grâce au monopole des Compagnies que vous encouragez et nous sommes plus malheureux que jamais.

Le Brouillard. — N'avez-vous pas l'égalité dans le service militaire, dans la justice, dans l'enseignement?

Le Manant. — Trop pauvre pour verser deux mille francs, je doit payer plus que double, je dois donner cinq ans, tandis qu'un an suffit pour le gros héritier. Si je veux poursuivre plus fort que moi devant les tribunaux, comment le pourrais-je, n'ayant ni argent, ni temps à dépenser en démarches inutiles. Quant à l'enseignement, pourquoi nous imposer vos maîtres au lieu de nous laisser choisir à notre gré.

Le Brouillard. — Vous ne voulez donc plus, ni préfets, ni Sénat, ni président?

Le Manant. — Vous l'avez dit.

Le Brouillard. — Sur quoi vous basez vous pour demander ma suppression ?

Le Manant. — Sur quoi vous basez-vous pour continuer notre oppression ?

Le Brouillard. — J'ai la force et je vous le ferai voir.

Le Manant. — La justice prime la force.

En ce moment, un immense tumulte se produit. Les manants courent sus au Brouillard, des messieurs à chaînes d'argent et en habit noir sortent de tous côtés pour le défendre. Le tonnerre gronde, la foudre éclate, le Brouillard et ses défenseurs disparaissent; on ne retrouve qu'un sous-préfet qui, ne faisant plus partie du gouvernement, a seul échappé.

Un Croquant. — Plus d'Etat ! Qu'allons-nous devenir ? Un grand nombre se joignent aux députés Bulgares et se mettent à la recherche d'un roi — beaucoup se font moines. — Quelques-uns se décident à mener eux-mêmes leurs affaires ; ils forment de fortes communes et sont heureux.

La plupart des réformes réclamées sont légitimes ; à quelque point de vue qu'on se place on ne saurait les refuser.

Les gouvernements, quels qu'ils soient, qui viendront aux affaires n'auront rien de mieux pour se maintenir que d'embrasser courageusement le parti de la réforme.

Machiavel remarque justement que, lorsqu'un prince veut supplanter un de ses voisins, il doit chercher à ruiner son gouvernement en offrant aux populations un état de chose meilleur.

Napoléon Ier a dû ses plus grandes conquêtes à l'application de ce principe, qu'en bon Italien il avait dû souvent méditer.

Ceux qui vivent du gouvernement central accusent les réformateurs de vouloir ramener le pays aux âges peu connus de la féodalité.

Sous le gouvernement royal, la plupart des villes érigées en communes étaient parfaitement libres, et le gouvernement royal n'a jamais manqué de trouver en elle le plus ferme appui et le plus loyal concours.

A la commune les affaires de la Commune, au dé-

partement ou à la province les affaires provinciales,
à l'Etat les affaires générales.

Voilà la formule que l'Angleterre et l'Amérique du
Nord ont mis et mettent tous les jours en pratique et
dont ces grands pays n'ont cessé de se bien trouver.

M. Goblet a tout dernièrement déclaré, ce qui a beaucoup étonné, qu'en fait de réformes il était maître d'en
faire ou de n'en pas faire.

Il a ajouté qu'il était bien décidé à ne s'occuper que
de celles qui seraient réclamées par tous les Français.

Lors qu'Henri IV voulut l'édit de Nantes, la France,
en ce moment pleine de papistes et de ligueurs, deman-
dait à grands cris l'extermination des réformés.

Les protestants d'alors, combien étaient-ils ? Peut-
être un million et encore.

Les parlements s'apprêtaient à livrer au bourreau
les anciens correligionnaires de Béarnais, pensant bien
qu'il avait renoncé à les défendre.

Mais Henri IV dit : « Je le veux », et le Parlement obéit.

S'il avait eu le malheur d'avoir M. Goblet pour ministre, la majorité voulant l'extermination des hugue-
nots, les potences et les épées de justice n'auraient pas
suffi.

Le beau rôle du Gouvernement est de faire tout le
contraire de ce que veut faire M. Goblet. Il consiste à
montrer aux peuples la voie des réformes utiles, et
à les y entraîner malgré eux au lieu de les suivre.

Une objection se présente : l'État, que l'on critique si

vivement, n'est-il pas, après tout, l'expression parfaite de la majorité des Français.

Les élections ont montré et montrent tous les jours la France divisée en deux camps à peu près égaux. Les vaincus ne sont pour rien dans la gestion des affaires publiques ; partout ils en sont tenus soigneusement à l'écart : jamais les Gallo-Romains, sous les Franks, ne furent plus annihilés.

La majorité républicaine de la Chambre a même, il faut en convenir, poussé les choses un peu loin, en étranglant sans autre forme de procès les représentants des classes défaites.

Reste le groupe républicain : comme la plus part des députés qui le composent ont trahi leur mandat et, contrairement à leur programme, combattent tous les jours les idées qu'ils sont chargés de défendre, on ne saisit pas trop bien comment le gouvernement signe sans hésiter : au nom du peuple Français.

C'est probablement un mystère à ajouter à bien d'autres, et qui, comme la question du Tonkin, ne sera jamais bien éclairci.

Les vivats dont quelques personnages un peu troublés poursuivent la République ne doivent pas lui faire oublier qu'elle est encore un gouvernement fort équivoque, et que si elle compte seize ans d'âge, elle a aussi seize ans de fautes.

Volney répondit à un fâcheux qui raillait son nouveau blason aux innocentes colombes : « La façon dont les anciens républicains se servent des armoiries m'apprendra à faire le nouveau personnage que je dois devenir. »

Le lendemain de la première République a des enseignements que les brillants ministres du jour feront bien de méditer.

On dit qu'en France tout finit par des chansons ; tout finit aussi par des histoires ; l'histoire véritable ayant quitté depuis longtemps notre monde, si tant est qu'elle l'ait jamais habité.

Les contes étant en général mieux goûtés au temps où nous sommes que les vérités, et, après tout, l'idéal moins ennuyeux que la réalité, en voici un que les maîtres d'école irréguliers pourront faire apprendre aux enfants et que beauconp auront peu de peine à retenir.

Il y avait autrefois, en l'an du Diable 86, un pauvre homme, habitant ès forêts et marécages du Périgord. Ayant perdu son fils, mort de la peste au pays barbaresque, où Ferry, l'Asiatique, le détenait comme soldat, il vivait péniblement, serf d'un riche collecteur d'impôts de la sérénissime République.

Toutes ses ressources consistaient dans la culture de quelques champs fiévreux où l'on peinait plus que de raison et dont l'impôt emportait les trois quarts du revenu.

Il avait à sa charge sa femme infirme et deux petits enfants.

Un moment le maire, homme adonné à l'astrologie, auquel il s'était confié, lui avait fait espérer un petit bureau de tabac; mais une grande dame de sa commune, veuve d'un receveur général, riche de plus de vingt mille francs de rentes, l'avait réclamé pour son compte et on venait de le lui donner.

La neige tout à coup devint extraordinairement épaisse, le froid terrible et les loups si nombreux et si osés que plusieurs dévorèrent jusqu'à des articles de M. Sarcey, dont ils moururent.

Les malheureux laboureurs, la nuit tombée, n'osaient plus sortir de leur maison.

Le louvetier-lieutenant, ayant perdu ses chiens, ses chevaux, ses fusils au baccarat, se tenait coi dans son logis, n'ayant d'autre distraction que d'allumer sa pipe au papier timbré dont il était largement pourvu.

Une petite fille du pauvre homme fut mangée par les loups.

A quelque temps de là, étant sorti avec son fusil, il fut verbalisé, et on lui fit comprendre que le devoir d'un bon français était de se laisser dévorer tout vif plutôt que de se défendre à coup d'arquebuse, la loi ne le permettant pas.

Le vieil homme répondit un peu durement; il fut pris et mené en prison.

Quand il sortit de la geôle de la clémente République, sa femme était morte et son dernier enfant mendiait

Quelqu'un lui fit entendre que le Gouverneur, que d'aucuns appellent aujourd'hui préfet, lui rendrait justice.

Il s'en alla péniblement à pied à la ville, et le voyant

terreux, cheveux gris et guenilleux, on le chassa de partout.

Il était tenace et se tint longtemps à la grille d'un grand palais que de mauvais plaisants prétendaient être à lui, mais dont il ne pouvait approcher.

Enfin, un matin il vit sortir un brillant équipage, et le gouverneur, M. de Castelmoisi, tout enduit de fourrures, apparut.

Il fumait négligemment un cigare qu'à son parfum on devinait ne pas venir de la régie.

Par moment ses yeux parcourraient *le Moniteur*, où les chiffres du recensement paraissaient mortellement l'ennuyer

Le mendiant s'approcha.

— Que voulez-vous ? dit l'administrateur de sa voix la plus macadamisée. Mes bureaux sont faits pour vous répondre. Avez-vous un dossier. Êtes-vous électeur. Lisez-vous le journal. Tenez, voici les dernières dépêches avec les étonnants succès du gouvernement. Tous les Pavillons-Noirs nous demandent à entrer au ministère des finances. Notre excellent comique Goblet consent à doubler le grand acteur Freycinet, empêché de continuer sa représentation d'hiver. Grâce à vos économies, le Président de la sérénissime République vient d'offrir un magnifique collier à la reine des Malgaches. Ma femme est accouchée cette nuit. Je suis décoré du Dragon Vert. Faites-en part à votre commune.

Là-dessus deux superbes meklembourgeois et un

coupé capitoné de satin bleu emportèrent le journal, le cigare et ce qui tenait après.

Le vieil homme, complètement ahuri, restait immobile sous le grand porche du palais.

Un laquais, puant la pommade et le vernis, lui cria de s'en aller, et, comme il n'entendait pas, une poussée l'envoya rouler dans la boue.